EL CÍRCULO DEL DESTINO

Ilustraciones
Radhyashyam Raut

Texto
Raja Mohanty
Sirish Rao

ELENCO

El Señor Shiva
dios de la danza y la destrucción

Garuda
protagonista de esta historia,
ave gigante, que transporta al Señor Vishnu

La culebra
que vive en el árbol

El hermoso pajarillo
que vive en las montañas

El Señor Yama
dios de la muerte

El búfalo
que transporta al Señor Yama

El árbol
donde se posa el pajarito

El Señor Vishnu
preservador del Universo

VUELO A KAILASH

Garuda vuela con el Señor Vishnu sobre los picos nevados del Himalaya, hacia el Monte Kailash, hogar del Señor Shiva.

LA PUNZADA DE LA BELLEZA

Garuda espera mientras su amo visita al Señor Shiva. De repente, descubre un pequeño pajarillo en un arbusto cercano. Su exquisita belleza lo conmueve. Casi no puede creer que exista algo tan hermoso.

LA MIRADA DE LA MUERTE

Yama, dios de la muerte, aparece montado en su búfalo. Tiene un problema con sus cuentas y lo quiere aclarar con Shiva, dios de la destrucción. Sus ojos se detienen sobre el pajarillo y lo mira fijamente.

EL DILEMA DE GARUDA

La mirada del Señor Yama llena a Garuda de tristeza. 'Cuando el dios de la muerte mira a una criatura de esa manera', piensa, 'quiere decir que ha llegado su momento'. Anhela salvar al pajarillo. Sabe que no es sabio desafiar la voluntad de los dioses, pero también sabe que no puede quedarse sin hacer nada. Garuda se estremece.

LA COMPASIÓN VENCE AL CONOCIMIENTO

Finalmente, el susurro de la compasión triunfa sobre la certeza del conocimiento. Garuda decide salvar la vida del pajarillo. Rogando a los dioses que lo perdonen, lleva al pajarillo a un bosque lejano.

EL LUGAR ESCOGIDO

Garuda deja al pajarillo a salvo en la rama de un árbol frente a una ermita. Satisfecho con su trabajo, vuela de regreso a las montañas.

GARUDA QUIERE SABER

Apenas vuelve, Garuda encuentra al Señor Yama, dios de la muerte, saliendo del hogar del Señor Shiva. La curiosidad lo vence. Le pregunta a Yama por qué miró al pajarillo de esa extraña manera.

EL DIOS DE LA MUERTE RESPONDE

Yama responde que le sorprendió ver al pájaro cerca de las montañas. De acuerdo a sus registros, ha debido estar en un bosque, en un árbol al lado de una ermita. Una culebra pitón se lo comería y el pájaro renacería en la ermita. Pero los misterios del destino están por encima del dios de la muerte, y por ello, dejó que el destino siguiera su curso.

EL CÍRCULO DEL DESTINO

Las palabras de Yama pesan como piedras en el estómago de Garuda. Y se da cuenta de la verdad.

El mundo es un ciclo sin fin, donde todo tiene su tiempo y su lugar. Hasta una criatura de exquisita belleza debe morir y renacer como otro ser.

Si quieres cambiar el curso de las cosas, debes actuar como te dicte el corazón. Pero, el destino no te pertenece. Tú formas parte del círculo del destino.

Círculo del Destino

Traducción: Clarisa de la Rosa

Primera edición, 2008

Diseño: Rathna Ramanathan

Producción: C. Arumugam

Edificio Banco del Libro, Av. Luis Roche, Altamira Sur.

Caracas 1060, Venezuela · www.ekare.com

Publicado por primera vez en inglés por Tara Publishing, Chennai India

www.tarabooks.com

Título original Circle of fate

Este libro fue negociado a través de la agencia Sea of Stories,

www.seaofstories.com

ISBN 978-84-936504-7-6

HECHO EL DÉPOSITO DE LEY

Impreso en China por South China Printing Co.

Arte Patachitra

Las ilustraciones de este libro fueron realizadas en el estilo Patachitra de Orissa, al este de la India. Patachitra quiere decir pintar sobre lienzo. *Pata* significa lienzo, y *chitra* quiere decir pintura.

Este arte se desarrolló alrededor del antiguo templo de Puri en Orissa. Los artistas pintaban las paredes con imágenes e historias de los dioses locales. Los que venían al templo querían llevarse un recuerdo de su visita, así que los artistas pintaban pergaminos y tarjetas con historias y cuentos tradicionales. Estos fueron los primeros Patachitras. Al pasar el tiempo, también crearon bellos juguetes, cajas, juegos y máscaras, todos pintados al estilo Patachitra.

Existen muchos artistas que trabajan en el estilo Patachitra. Forman parte de una comunidad, trabajan juntos en sus hogares, o en la plaza del pueblo. Los niños ayudan a sus padres y así aprenden de ellos este antiguo arte.